序

呼伦贝尔市的文化，最早可以追溯到二万年前的古扎赉诺尔人。随着时间的推移和历史的进步，自公元前200年左右至清朝期间，辽阔的呼伦贝尔大地又先后孕育了东胡、匈奴、鲜卑、室韦、蒙古等十几个游牧部族，被誉为"中国北方游牧民族成长的历史摇篮"。其中影响中国乃至世界发展史的民族有：公元一世纪拓跋鲜卑族"南迁大泽"，进而入主中原，建立了北魏王朝；公元十三世纪，成吉思汗统一蒙古高原，建立了横跨欧亚的蒙古帝国。在史学界，呼伦贝尔继长江文化、黄河文化之后，被历史学家们称之为"中华文明的第三源"。由此我们可以断言，呼伦贝尔大文化就是原生态文化的再现和演绎。抚今追昔，无论是古老的草原游牧文化、森林狩猎文化，还是成吉思汗鞍马文化，无不渗透着"逐水草丰美而居"、信仰萨满、崇拜长生天、追求天人合一理念的一种文化精神写照。只有民族的才是世界的，正是因为这些游牧民族一代又一代地保持并传承了原生态文化所独有的特质，才会在一次又一次的民族融合、征战、迁徙中被保存了下来，成为呼伦贝尔不可多得的宝贵财富。如今，从生活在呼伦贝尔市43个少数民族群众的生产生活中，依稀可以找到原生态文化的影子。2007年9月26日，经中国民协批准，正式命名新巴尔虎左旗为"中国蒙古族长调民歌之乡"，并建立"中国蒙古族文化保护基地"；命名陈巴尔虎旗为"中国那达慕之乡"；命名鄂温克旗为"中国鄂温克文化之乡"，并建立"中国北方少数民族传统服饰文化研究基地"。原生态文化就是呼伦贝尔大文化的魂和根。

从一般的认识来说，在中国古代史上，民族文化中的不少思想观念与精神因素对于巩固和延续封建的国家秩序起着重要的作用，因而受到自近代以来人们的强烈批判。然而，其中的精华部分所蕴涵的哲学意识、道德观念和艺术见解，不论是过去还是现在，又都在培育民族的优秀精神品格方面起着其他方式难以替代的重要作用。虽然从上世纪以来，中国已经发生文化转型的重大历史演进，传统的民族文化受到了严峻的挑战，大有以西方文化取代传统的民族文化的"革命"之势。但是，经过一个历史阶段的剧烈动荡和时间淘汰之后，多数人还是清醒地认为，传统的民族文化及其所包涵的民族精神，它的精华不仅凝结成了它的过去，也可以滋生出新的未来。尤其是其中所包涵的中华民族特有的优秀精神品质，对于这个民族的发展，对于我们国家的进步，都是不能排斥的。因而，它的国家意义、民族意义便得到了普遍认可。从文化本身来看，人们所主张的只有民族的才是世界的，保护民族文化的特色，才会使民族文化具有世界意义的观点，也同样意味着民族文化在任何一个国家都具有不可或缺的国家意义、民族意义、历史意义和现实意义。

这次编辑出版的《呼伦贝尔文化博览丛书》共计六册，分别是：博物馆篇、非物质文化遗产篇、民族服装服饰篇、文艺演出篇、北方少数民族岩画篇、餐饮篇。该书集中反映了呼伦贝尔市自2001年10月10日"撤盟设市"以来，特别是"十一五"期间，呼伦贝尔市旅游文化战线发生的巨大变化，以及取得的令人欣慰的成果。该书在编撰过程中得到了全市旅游文化战线上广大同仁的大力支持与帮助，不仅丰富了《呼伦贝尔文化博览丛书》的内容，也提高了该系列丛书的文化内涵与艺术价值、实用价值和收藏价值。这是一部值得一看，值得细细品味，值得认真研究的经典之作，真诚地希望大家通过阅读此书，对呼伦贝尔的民族文化有一个更加全面、更加深刻的了解。并留给人们作为永久的精神文化遗产。

诚然，该书在编撰过程中，由于受时间紧、任务重、要求高、内容多等诸多客观因素限制，不足与失误之处在所难免，敬请广大读者批评指正。

金昭

2011年3月9日

《呼伦贝尔文化博览丛书》

编辑委员会

主　任：金　昭
副主任：刘兆奎　吴宏杰　诺　敏
　　　　钱瑞霞　郭　苹
成　员：高　茹　乔　平　闫传佳
　　　　左　刚　王彭甲　刘青友
　　　　白劲松　郭晓环　肖海昕
　　　　于国良　张丽杰　张承红
　　　　谭福洁　王忠民　孙　莹
　　　　崔越领

编写组

主　编：金　昭
副主编：刘青友
编写人员：高　茹　乔　平　闫传佳　左　刚　王彭甲　刘青友　白劲松　郭晓环
　　　　莲　花　肖海昕　于国良　张丽杰　殷焕良　崔越领　李　慧　刘惠忠
　　　　张承军　张忠良　李　浩　宋文浩　王大钊　吕思义　赵　蕾　贺海丽
　　　　张春香　黄国庆　张桂芳　乌日图　白雪峰　白春梅　张永超　玲　丽
　　　　索日娅　何丽英　张国文　孟松涛　于洪宇　孙　磊　刘　博　关　艳
　　　　鄂　晶　何振华　杜国军　武峰强　贾福娟　孙志彬　孟　丽　山　丹
　　　　董慧敏　郭志英　朱新章　吴玉明　孙静佳　朱朝霞　马静龙　刘立东
　　　　伊　敏　朱秀杰　铁　钢　包青林　周　燕　哈　森　范　博　满　达
　　　　吴玉华　建　军　宏　雷　陈乃森　曹珂香　阿纳尔　包玉波　王　岩
　　　　金铭峰　郭旭光　讷荣芳　王艳梅　崔东波　吴　杰　白春英　杨玉琴
　　　　孙祖栋　王汉俊　邢　锐　孙志斌　马　健　关　荣　韩金玲　朱智卓
　　　　黄国庆　李光明　新苏优勒　乌仁高娃　敖登高娃　哈森其其格
　　　　阿拉木斯　乌丽娅苏　庆格勒图

（本排名不分先后）

呼伦贝尔岩画简介

　　岩画，是凿刻、磨刻或绘制在岩石上的图画、文字、符号的总称，是人类早期文明的记录，因其具有极为珍贵、不可多得的文化价值、历史价值、艺术价值、科学价值，艺术地再现了古代人类生产、生活及理想信念、宗教信仰的状况而备受瞩目，尤为人类学等相关学科专家学者所重视，因其尚未被学界破解，而被誉为"天书"。

　　岩画被誉为是描绘在崖石上的史书。在世界上甚至有人更不加掩饰的说："没有岩画的国家，不能称其为是'文明古国'。"在2008年北京奥运会开幕式文化展演上，岩画作为中华文明序列之首，可见，岩画是已经被中国文化界认可的中华文明的起始了。

　　彩绘岩画，是真正的——岩画。其他在岩石上表现的文化遗痕，被称为"岩刻"。由于彩绘岩画原料的难以获得，遗存的艰难，被学界认为是岩画中的"珍品"。

　　1961年夏天，著名的历史学家翦伯赞先生等应邀到呼伦贝尔考察，他在《内蒙访古》中写道："假如呼伦贝尔草原在中国历史上是一个闹市，那么大兴安岭则是中国历史上的一个幽静的后院。"他的即兴之作"无边林海莽苍苍，拔地松桦亿万章。久矣羲皇成邃古，天留草昧纪洪荒。"为多年以后发现远古文明—岩画，埋下了伏笔。

　　呼伦贝尔岩画，早在1974年9月和1975年9月，黑龙江省文物考古研究所赵振才同志，由敖鲁古雅民族乡鄂温克猎人的指引下，先后在大兴安岭原始森林见到两处岩画：一处在额穆尔河上游克波河的交唠呵道的山崖上；另一处在牛耳河流域安娘娘河上源的崖壁上。但随之，这一事情就杳无音信了。

　　2007年7月14日，呼伦贝尔岩画学者崔越领先生经过多年的努力，发现了位于鄂伦春旗托河乡的神指峰彩绘岩画，开创了呼伦贝尔岩画发现与研究的新纪元。累计发现岩画25处，1处为石磨岩画，其余均为彩绘岩画。分布在大兴安岭北纬47°—52°的广泛区域，20余万平方公里的崇山峻岭之中。目前，呼伦贝尔岩画已经累计发现27处，近5000（单）幅。

　　2007年9月，北方民族大学岩画研究中心主任束锡红、上海古籍出版社敦煌西域编辑室主任府宪展先生等对呼伦贝尔神指峰、安娘娘河两个岩画点进行了实地考察，他们看到在寒冷的大兴安岭密林之中，有如此多的远古岩画，尤其是彩绘的内涵丰富，感到无比的惊疑。他们分析这是新石器时代晚期生活在这里的古先民留下的珍贵文化遗存，至于岩画的作者，可能是古鲜卑人、室韦人的祖先。

　　根据呼伦贝尔岩画选址特点及图案表现，岩画集中反映了人类祖先的原始文明，集森林文明之大成，敬天、敬地、敬祖先，表现出了古老的天、地、人的和谐统一。有岩石崇拜、祖先崇拜、生殖崇拜、动物崇拜、自然（太阳、星、云、火、树木等）崇拜、原始宗教、祭祀图，还有大量的生产、生活场景、符号。在岩画点还发现了多处古人类生活遗迹，非常值得一提的是，从目前发现的岩画图案所表现的文化内涵上，大多具有唯一性，也就是多数岩画在世界上仅此一幅。

　　依据岩画区域发现多处旧石器遗址和散落的旧石器，边缘区域发现7000年前的细石器遗址，结合岩画稚嫩的绘画技法、遗存痕迹、表现对象来分析，呼伦贝尔岩画产生时代应该是旧石器时代晚期。

　　呼伦贝尔岩画的发现证明了，这一地区不仅是古人类的生活地，还是古文明的发祥地，是世界的古文明诞生地之一。填补了这一地区，尤其是大兴安岭远古文明的空白，为世界学者研究古人类文明的迁徙与传播，提供了不可多得的实证资料。岩画的发现与绘就岩画的处所——冰川遗迹，为美洲文明经兴安岭、白令海峡而传播的，提供了佐证。可以说，在浩瀚的大兴安岭深处，存在着远古的"世界文明博物馆"。呼伦贝尔随之加入了世界远古文明的行列。

　　随着呼伦贝尔岩画的发现数量的增多和研究的逐渐深入，引起了专家学者的广泛关注。曾先后得到联合国教科文组织国际岩画委员会执行委员、中国岩画研究中心名誉主任陈兆复先生，内蒙古自治区原政协副主席、国际岩画艺术委员会会员、内蒙古岩画保护与研究学会会长、著名岩画专家盖山林先生，中央民族大学中国岩画研究中心原主任龚田夫先生，旅居美国、加拿大的岩画学者宋耀良先生，内蒙古河套文化研究会会长、内蒙古岩画保护与研究学会常务副会长、内蒙古岩画研究院名誉院长王建平先生的关注。全国政协常委、著名艺术家、北京申奥标志的设计者之一、北京奥运会吉祥物修改创作组组长韩美林先生，多次询问呼伦贝尔岩画的发现与研究的进展情况。国家文物局局长单霁翔更是一语中的："呼伦贝尔岩画是国宝。"

　　根据大兴安岭的地质遗存现状和经验分析，在广袤的崇山峻岭之中，还会有更多的岩画等古文明遗存，等待越来越多的专家学者及科学爱好者去发现与探究……

目录

根据岩画绘画技法的成熟以及色泽的特征，按照方位由北及南的顺序来分定章节。

第一章　交唠呵道岩画……………………… 1
第二章　鹿鸣山岩画………………………… 4
第三章　乌娘娘河岩画……………………… 6
第四章　伊龙山岩画………………………… 18
第五章　天书岭岩画………………………… 28
第六章　关阿岩画…………………………… 42
第七章　嘎仙洞岩画………………………… 64
第八章　麒麟山岩画………………………… 72
第九章　昆仑山岩画………………………… 76
第十章　神指峰岩画………………………… 78
第十一章　奎中岩画………………………… 94
第十二章　扬帆石岩画……………………… 96

第一章　交唠呵道岩画

位于北纬53°，内蒙古额尔古纳市满归林业区域大兴安岭北部原始林区。图案绘有人物、麋鹿，根据表象分析，人们已经有了区别较大的等级差别，生产方式发生了较大的转变，已经具备了驯化麋鹿的能力。

图片摄影：顾德清（已故）

【 第二章　鹿鸣山岩画 】

位于内蒙古根河市阿龙山林区的著名景区鹿鸣山崖壁上

安娘娘河岩画（一）

安娘娘河岩画位于根河市阿龙山林区，是大兴安岭岩画较多的点，最早是鄂温克猎民发现。

"蛙形人"，在森林文明时期，人类的生育力及成活率都很低，先民崇拜青蛙的生育能力与成活率，祈望能如青蛙一样高生育力与成活率，多子多福繁衍。

蛙形人

有的学者分析是围猎图

人物

"狐"

图案较为复杂难以破解

安娘娘河岩画的石砬子山

第二点距第一点约5公里的山崖，受自然因素影响岩石脱落，岩画也随之脱落。

第四章　伊龙山岩画

位于鄂伦春旗阿里河林区，有岩画百余幅。

"鸟"崇拜

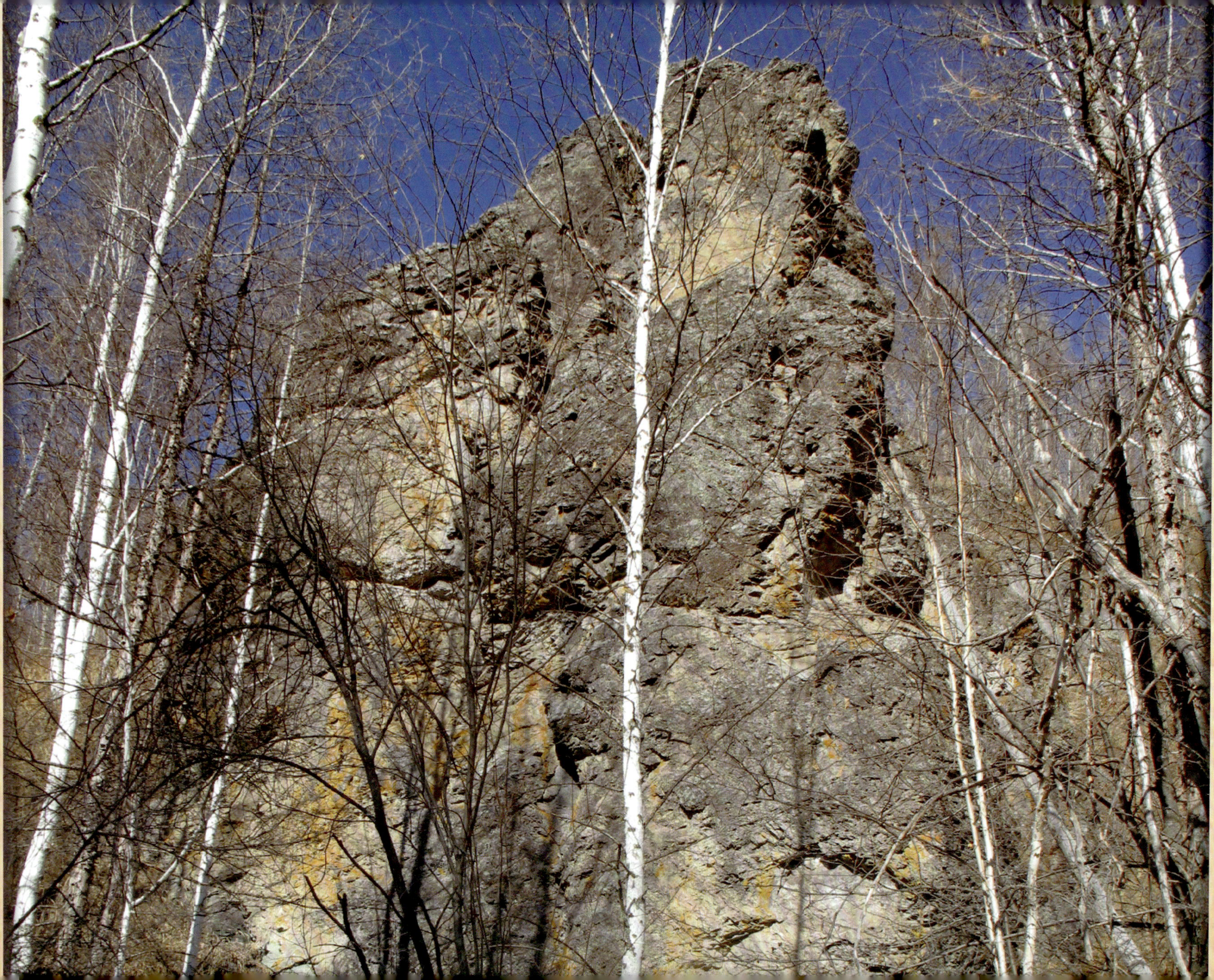

第 25 页

第 27 页

第五章　天书岭岩画

位于鄂伦春旗阿里河林区，因石柱呈层页岩状形似"古书"，石柱下方有被誉为"天书"的岩画，山岭上有大大小小20余个石柱，而得名——天书岭岩画。

第33页

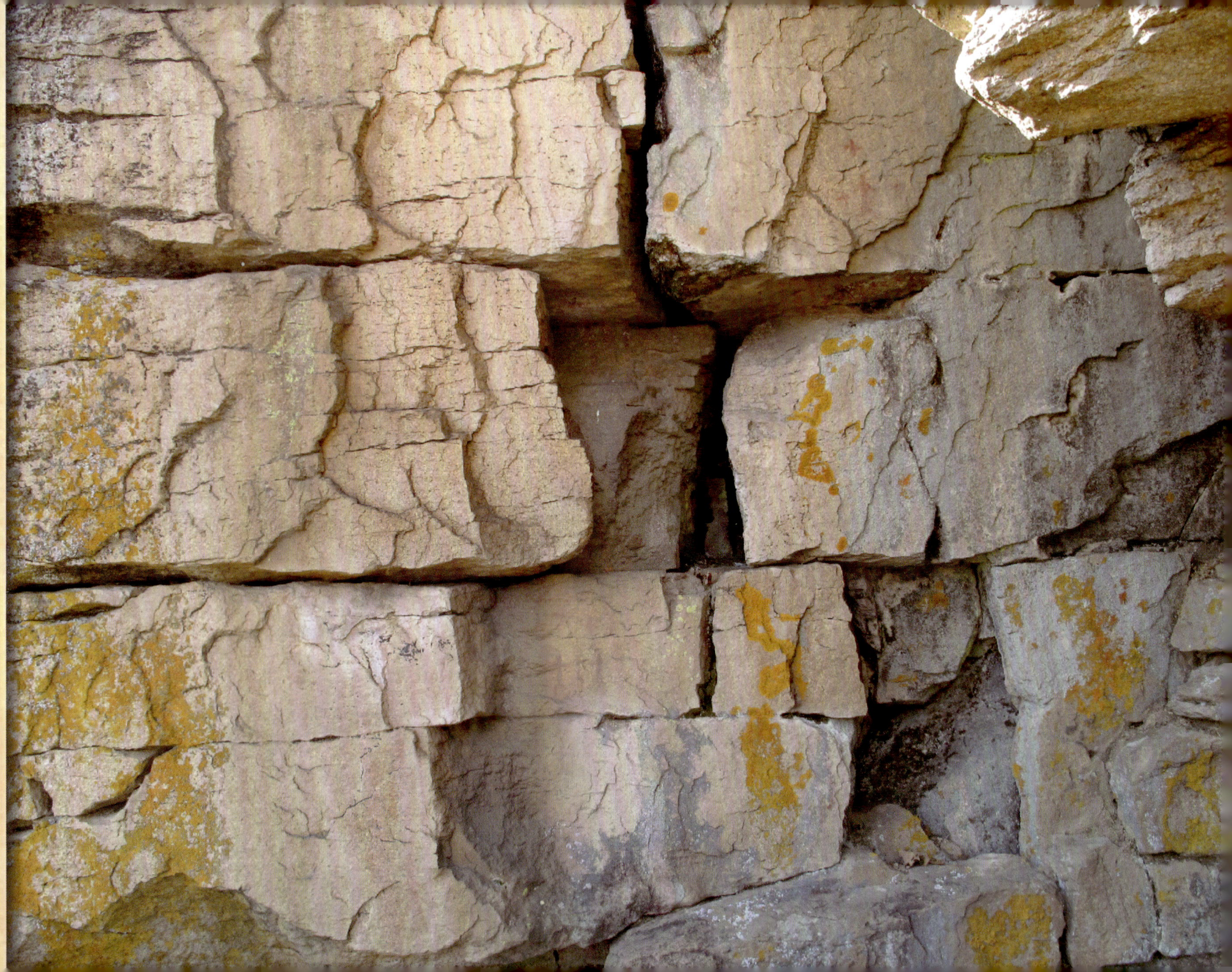

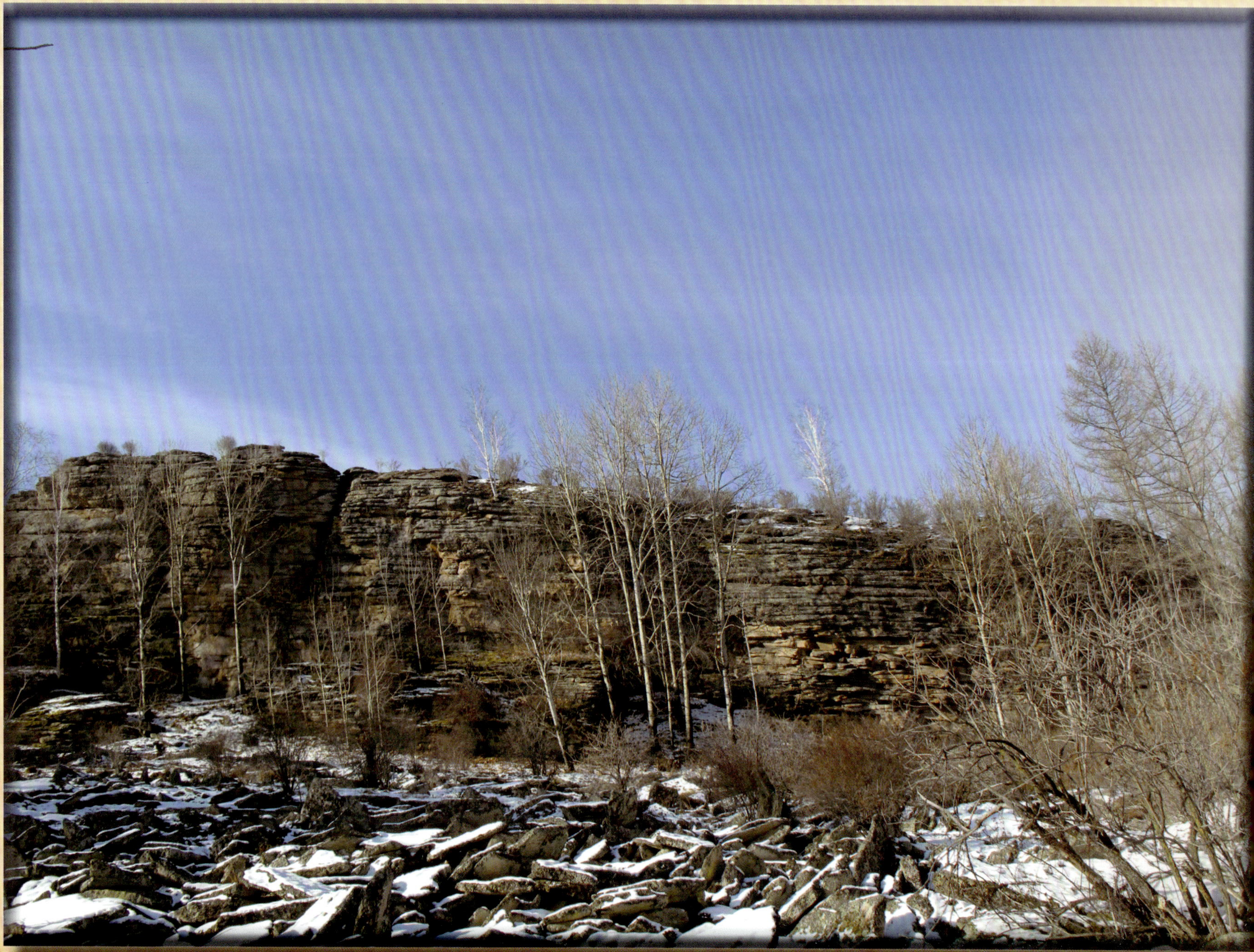

第六章　兴阿岩画

位于内蒙古鄂伦春旗阿里河林区，是岩画数量较多的岩画点。有太阳、森林、舞蹈等，还有大量的符号。

"太阳崇拜"

"森林崇拜"

第
54
頁

第
60
頁

【 第七章　嘎仙洞岩画 】

位于嘎仙洞左侧的崖壁

位于左侧洞口

嘎仙洞右侧的崖壁

第 67 页

嘎仙洞右侧的崖壁

第八章　麒麟山岩画

位于鄂伦春旗首府镇阿里河镇区，因其岩峰形似麒麟而得名。

图为高75厘米，宽45厘米，是目前发现的最大一幅，并且带有边框、人物分排倒画。分析是"祭天图"。

图为"符号"

第75頁

【第九章　昆仑山岩画】

位于内蒙古鄂伦春旗阿里河林区的昆仑山上，也是目前大兴安岭发现的惟一一幅凿磨的岩画。图案是人面像——祖先崇拜。

第十章　　神指峰岩画

位于呼伦贝尔市鄂伦春旗吉文林区，因其石柱似一巨大的"拇指"，而得名"神指峰"。在其下方有千余幅内涵丰富的岩画，有交媾图、性器图、鹿、舞蹈图、祭祀图、"房屋图"还有大量的符号以及有待释义的大量图案。

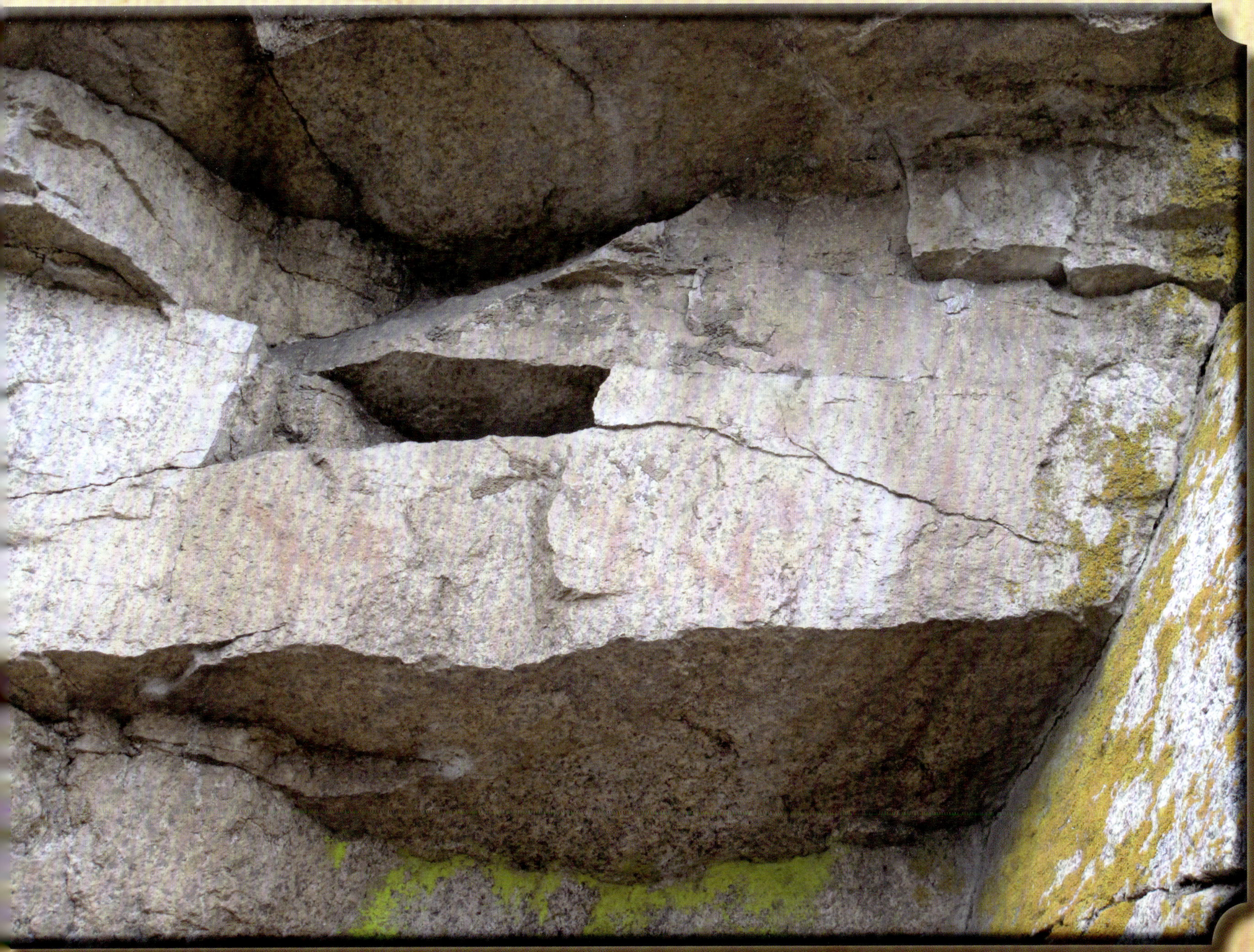

第84页

第十一章 奎中岩画

位于呼伦贝尔市鄂伦春旗大杨树林区。

第十二章 扬帆石岩画

位于内蒙古鄂伦春旗克一河林区，因其巨大的岩石似一扬起的船帆而取名"扬帆石"。岩石下方有十余幅岩画，有火焰、云，还有形似"蜥蜴"的昆虫。

"火"崇拜

"云"崇拜

"蜥蜴"

呼伦贝尔市基本情况介绍

呼伦贝尔市得名于境内的呼伦湖（亦称达赉湖）和贝尔湖，处于中华人民共和国版图上的雄鸡之冠，是内蒙古自治区最东部的地级市。呼伦贝尔地处东经115°31′–126°04′、北纬47°05′–53°20′，总面积为25.3万平方公里；呼伦贝尔毗邻东北老工业基地，北和西北部以额尔古纳河为界与俄罗斯接壤，西和西南部同蒙古国交界，素有"鸡鸣闻三国"的美誉。全市下辖1区5市7旗，49个镇，14个乡，9个苏木，37个街道办事处，首府所在地海拉尔区是全市政治经济和文化中心。全市共有43个民族，总人口272万人，少数民族人口50.4万人，占全市总人口的18.5%，是一个以蒙古族为主体的多民族聚居地区。主要有以下几个方面的特点：

一是地域辽阔。呼伦贝尔市总面积为25.3万平方公里，东西绵延630公里，南北总长达700公里，占自治区总面积的21.4%，占全国总面积的1/40，其面积相当于山东、江苏两省面积的总和，也相当于1个英国和6个瑞士的国土面积，是全国国土面积最大的地级城市。全市耕地总面积为1797万亩，占全市土地总面积的4.7%，人均耕地面积6.6亩。呼伦贝尔拥有世界上目前保存最为完好、纯天然、无污染的天然草原，是中国最大的，也是世界上最著名的天然草原之一，天然草场总面积1.26亿亩，占全市土地总面积的33%。大兴安岭纵贯呼伦贝尔中部，绵延千里，构成了呼伦贝尔林业资源的主体，呼伦贝尔市林地面积达到2.03亿亩，占全市土地总面积的53.4%，占自治区林地面积的75%。森林覆盖率50%，活立木蓄积量11亿立方米，占全区的75%、占全国的9.5%。天然草场、天然林地人均占有量均居全国之首。

二是历史悠久。早在二万年前，古人类——扎赉诺尔人就在呼伦湖一带繁衍生息，创造了早期的呼伦贝尔原始文明。自公元前200年左右至清朝，辽阔的呼伦贝尔草原孕育了中国北方东胡、匈奴、鲜卑、契丹、女真、蒙古等诸多游牧民族。公元1世纪，活动在境内鄂伦春旗一带的拓跋鲜卑族"南迁大泽"（呼伦湖），建立了强大的鲜卑部落联盟，并入主中原，建立了北魏王朝。13世纪，随着蒙古族的强大，成吉思汗统一了包括呼伦贝尔在内的整个蒙古高原，清朝康熙、雍正年间，呼伦贝尔地区被划为2个行政区，岭西称呼伦贝尔，岭东称布特哈。1945年日本投降以后，岭西地区建立了呼伦贝尔地方自治政府，1954年设立呼伦贝尔盟，2001年10月10日经国务院批准实现撤盟设市。

三是文化灿烂。正是由于呼伦贝尔历史发展独特轨迹，被著名历史学家翦伯赞先生誉为"中国北方游牧民族成长的历史摇篮"，东胡、匈奴、鲜卑、蒙古等诸多游牧民族在这里创造了灿烂的游牧文化，也被史学家们称为"中华文明的第三源"。呼伦贝尔是典型的民族区域自治地方，全国仅有的3个少数民族自治旗——莫力达瓦达斡尔族自治旗、鄂温克族自治旗、鄂伦春自治旗都在我市，全区19个民族乡呼伦贝尔市占到了14个。达斡尔、鄂温克、鄂伦春"三少"民族和俄罗斯族，民俗文化原始奇异，独具魅力。生活在这里的巴尔虎、布里亚特、厄鲁特蒙古族也以其独特的民俗文化区别于内蒙古其他地区的蒙古族，呈现出了蒙元文化、俄罗斯文化、鄂温克文化、鄂伦春文化、达斡尔文化等多民族文化活力四射、齐头并进、共同繁荣的发展格局。

四是风光无限。呼伦贝尔大草原、大森林、大水域、大冰雪、大口岸、大民俗共同构成呼伦贝尔大旅游。森林与草原交汇、绿夏与银冬交替、民族风情与历史文化交融，森林、草原、湖泊基本保持了原始风貌，使呼伦贝尔正成为世人瞩目的旅游热点地区，素有"绿色净土"、"北国碧玉"之称，国家确定生态建设示范区，是全国旅游二十胜景之一和全国六大景区之一，全国唯一的国家级草原旅游重点开发区，呼伦贝尔还荣获了CCTV2006年度"中国最佳民族风情魅力城市"称号。也形成了独具特色的主题旅游形象：呼伦贝尔—中国北方原生态旅游胜地、休闲旅游胜地。开发了以草原、森林、冰雪、河湖、口岸、历史文化、少数民族风情、异域风情为主的一批旅游景区景点，并围绕景区景点推出了一系列精品旅游线路，概括来讲为"一条黄金曲线、五条精品环线、两条特色单线、五大客流中心"。2010年全市共接待游客980万人次，旅游业总收入143亿元。

　　五是资源富集。呼伦贝尔市现有耕地1797万亩，天然草场1.26亿亩，天然林地2.03亿亩，人均占有量均居全区全国前列。森林覆盖率为50%，活立木蓄积量达到11亿立方米，占全区的97%、全国的9.5%，绿色、生态农牧林业久负盛名。境内有3000多条河流、500多个湖泊。水资源总量316.2亿立方米，其中地表水资源占全区的73%。探明各类矿产资源65余种、矿点500多处。全市煤炭远景储量近2000亿吨，探明储量1000亿吨，探明储量是东北三省总和的6倍；拥有得耳布尔和大兴安岭两个有色（贵）金属成矿带，海拉尔盆地石油资源富集。由于我市煤水组合优势明显，国家已把我市列为国家重要的煤电、煤化工基地和大型石油基地。石油预测总资源量10亿吨。野生动物500余种，占全区的70%以上，国家级保护动物30余种。有经济价值的植物多达500种以上。被誉为"北方野生动植物的天然王国"。

　　六是民风淳朴。呼伦贝尔地处祖国北疆，在其长期的发展进程中，已经基本完成了从原始游牧向现代文明的转变。但同时也完整地保留了呼伦贝尔人原始的热情、善良、淳朴的独特地区民族人文性格。从农区的发展来看，这里的人们有很多是自明、清时代就来到呼伦贝尔戍边的移民，也有后期迫于生计，从山东、江浙等内陆地区到呼伦贝尔谋求生存的贫苦百姓，经过几代、甚至几十代的融合发展，已经形成了呼伦贝尔独特的地区风格，也同时保留了地区淳朴勤劳的生活习惯和善良朴实的人文性格，成为呼伦贝尔地区民族大家庭的重要成员。呼伦贝尔林区多年来作为国家重点木材供应基地，为国家建设付出了辛勤的汗水，由此也形成了林区人的豁达、直率，甘于奉献的精神。而牧区作为蒙古族聚居的主要地区和繁衍地，热情、好客、勇敢在他们的身上体现的最为突出。

　　七是口岸集中。我市地处祖国北部边陲，分别同俄罗斯、蒙古国交界，边境线总长1733.32公里，是全国唯一的中俄蒙三国交界区。我市现有8个口岸对外开放，分别为满洲里铁路、公路、航空口岸，黑山头、室韦口岸（对俄），阿日哈沙特、额布都格口岸（对蒙古国）和海拉尔东山机场航空口岸。其中，满洲里口岸为全国最大的陆路口岸，是亚欧大陆重要的国际通道。这些口岸的开放形成了以满洲里口岸为龙头，黑山头、室韦、阿日哈沙特、额布都格口岸为两翼，海拉尔航空港为中心，布局合理的沿边开放带和铁路、公路、航空立体交叉全方位对外开放的格局，使呼伦贝尔市具备了成为国家向北开放前沿阵地的基础条件。

图书在版编目(CIP)数据

呼伦贝尔文化博览 / 金昭主编.—呼伦贝尔：内蒙古文化出版社，2011.11
ISBN 978-7-80675-962-2
Ⅰ.①呼… Ⅱ.①金… Ⅲ.①文化—概况—呼伦贝尔市 Ⅳ.①G127.263

中国版本图书馆CIP数据核字（2011）第237086号

呼伦贝尔文化博览

金 昭 主 编

内蒙古出版集团有限责任公司
出版发行 内蒙古文化出版社
(呼伦贝尔市海拉尔区河东新春街4-3号)
邮　　编　021008
网　　址　www.nmwhs.com
投稿信箱　dingyongcai@163.com
直销热线　0470-8241422
印刷装订　北京宝隆世纪印刷有限公司
责任编辑　丁永才 包文明
装帧设计　董焕琴 董丽娜等
开　　本　260×186毫米
印　　张　9
字　　数　10万
2011年11月第1版　2011年11月第1次印刷
印数 1-5000册

ISBN 978-7-80675-962-2
定价：980.00元